AF231931

LA
QUESTION FINANCIÈRE

EN 1871

COUP D'ŒIL RÉTROSPECTIF

SUR LES

FINANCES DE LA FRANCE DEPUIS 1815

PAR

E. L.

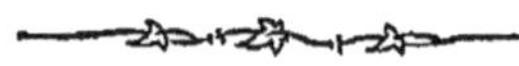

NANTES

VINCENT FOREST ET ÉMILE GRIMAUD

IMPRIMEURS-ÉDITEURS

4, place du Commerce

—

Juin 1871

LA QUESTION FINANCIÈRE

EN 1871

Coup d'œil rétrospectif sur les finances de la France depuis 1815.

L'attention du public est tendue, aujourd'hui, tout entière vers Paris, où les barbares de nos jours ont mis le comble à tous leurs crimes par l'incendie de nos plus beaux monuments et des richesses artistiques qu'ils renferment; et il est bien difficile d'en distraire une partie, quelque faible soit-elle, au profit de tout ce qui ne se rattache pas immédiatement à cette formidable insurrection qui, depuis plus de deux mois, tient la France en échec.

Nous allons cependant le tenter et dire quelques mots de notre situation financière, qui sera demain, et à juste titre, la question du jour, car elle est bien réellement pour la France une question capitale, une question de vie ou de mort.

Notre dette publique, dont le capital nominal, défalcation faite des rentes de l'amortissement, dépassait douze milliards avant la guerre, va se trouver accrue dans des proportions effrayantes par les emprunts devenus nécessaires pour solder, d'une part, les cinq milliards que la Prusse, abusant de sa force, a exigés de nous, et de l'autre, les dépenses énormes faites par le gouvernement de la défense nationale pour soutenir cette guerre insensée.

Ce chiffre de douze milliards sera certainement plus que doublé, et nous ne serions pas surpris que, par suite des circonstances fâcheuses dans lesquelles nous allons faire appel au crédit, le capital nominal de notre dette, si les emprunts se font en trois pour cent, atteignît presque trente milliards, somme jusqu'à ce jour inconnue dans l'histoire financière des peuples.

La France, après avoir essayé de tous les expédients, précurseurs ordinaires de la banqueroute, succombera-t-elle sous le poids de tant de charges, ou, surmontant tous les obstacles à force d'honnêteté et d'économie, parviendra-t-elle à relever son crédit si fortement ébranlé ? Parviendra-t-elle à sortir de l'abîme, ouvert sous ses pas par l'homme de Sedan, et dans lequel l'a précipitée la dictature de l'incapacité révolutionnaire ?

Telle est la question qui s'impose d'elle-même à tous les esprits, car monarchistes ou républicains, si nous aimons notre pays autant que nous le devons, notre unique ambition doit être de le voir supporter sans périr les terribles épreuves que Dieu a trouvé bon de lui infliger.

Au point de vue financier, nous traversons donc une crise qui dépasse en intensité toutes celles qui l'ont précédée.

A ne considérer que le côté matériel des choses, nous sommes certainement plus malades que l'*homme malade* de l'Orient, dont la santé préoccupe si vivement, depuis près d'un demi-siècle, la diplomatie européenne; et comme sous le rapport moral nous ne sommes pas beaucoup mieux por-

ments et porta le crédit de la France à une puissance qu'il n'a pu encore dépasser.

Nous rechercherons d'abord, aussi exactement que possible, quelle était en 1815 la situation de la France, au double point de vue de ses charges pécuniaires et de son crédit.

Nous passerons ensuite rapidement en revue les mesures prises par la Restauration, ainsi que les lois de finance qu'elle adopta, et nous examinerons si elle sut ne rien sacrifier de l'honneur national, et parvint, tout en réparant de si grands désastres, sans pressurer les contribuables, à tenir haut et ferme le drapeau de la France.

Et, enfin, nous établirons la situation de la Monarchie au moment où éclata la Révolution de 1830; nous comparerons cette situation à celle de 1815, et nous tâcherons de faire ressortir d'une façon claire les résultats obtenus, laissant d'ailleurs à chacun de nos lecteurs le soin d'apprécier, après avoir constaté la guérison, s'il ne serait pas bon de recourir au médecin qui a guéri la France une première fois, qui est toujours à notre disposition, car les principes ne meurent pas, et qui seul, par tradition de famille, possède, s'il existe, le secret de guérir les horribles blessures de notre patrie bien-aimée, que la Monarchie de ses aïeux avait faite ce qu'elle était avant nos désastres.

I.

La France, épuisée d'hommes et d'argent par les guerres continuelles de l'Empire, désorganisée par deux invasions, se trouvait, à la rentrée des Bourbons, en 1815, dans une situation financière qui, eu égard aux ressources relativement faibles de l'époque, paraissait à peu près désespérée.

Son passif se composait :

1° D'une dette consolidée inscrite au grand livre. Mais, grâce à la banqueroute, consommée par la Révolution, grâce également aux tributs prélevés pendant dix ans sur l'Europe vaincue, et que la colère de notre inflexible vainqueur d'aujourd'hui nous force à rembourser, avec de si gros intérêts, cette dette représentée par une rente annuelle de 98,640,000 francs, s'élevait seulement à.. ....F.   1,972,800,000

2° D'une contribution de guerre de.............F. 700,000,000

3° D'un arriéré, dont partie antérieure à 1809, qui s'élevait (Voir le compte des finances de 1824, page 92) à....F. 650,000,000   }   2,150,000,000

4° Des frais d'entretien d'une armée de 150,000 hommes, avec laquelle les alliés devaient occuper la France pendant cinq ans...F. 800,000,000

6° Enfin d'une foule de réclamations particulières produites par les sujets des diverses puissances européennes et appuyées par les gouvernements, lesquelles s'élevait à......   1,600,000,000

TOTAL du passif..........   5,722,800,000

Quant aux ressources :

Les dépenses ordinaires maintenues dans les plus rigoureuses limites, étaient à peine couvertes par les recettes ;

Les impôts rentraient mal ou ne rentraient pas du tout.

Et la rente cinq pour cent, tombée au cours de 52 fr., démontrait combien était faible le crédit de l'Etat.

Si on ajoute à tout cela la nécessité où l'on se trouvait de renvoyer dans leurs foyers, faute d'emploi, la majeure partie des officiers de l'armée et de les maintenir en demi-solde pour les préserver de la misère;

On connaîtra à peu près le bilan de la succession que l'Empire léguait au nouveau gouvernement.

Et, comme pour mettre le comble aux immenses difficultés à surmonter, une année d'affreuse disette vint accroître par ses désastres la somme des malheurs et des ruines résultant des deux invasions.

En résumé :

Une dette de près de six milliards exigible pour les deux tiers;

Des caisses publiques vides ;

Toutes les misères résultant de la disette de 1816, la plus complète de notre siècle ;

Et le crédit de l'État tombé à ce point que la rente, en tenant compte de la prime de remboursement, ou de l'amélioration des cours, fut pour ses acheteurs de 1814 l'équivalent d'un placement de fonds à 25 0/0 pendant dix ans;

Telle était en 1816, au début de la restauration, la situation déplorable des charges, des ressources et du crédit de la France.

II.

La Restauration ne désespéra pas, et envisageant en face cette situation, elle ne répudia aucune des charges que lui léguait l'empire. Elle eut, nous le dirions volontiers, vu le peu de ressources financières de l'époque, la témérité d'accepter purement et simplement cette succession si onéreuse, et se mit courageusement à l'œuvre pour remplir ses obligations.

La République avait marché par la banqueroute, l'Empire par les tributs de guerre.

La banqueroute ne déshonore pas moins les Etats qui en usent que les simples particuliers. Elle est d'ailleurs le pire de tous les moyens auxquels une nation puisse avoir recours pour diminuer la somme de ses engagements, car, d'une part, ainsi que le disait le baron Louis, elle est *un impôt inégal et inique*; inégal puisqu'il ne porte que sur une classe restreinte de contribuables ; inique puisqu'il frappe des personnes qui ont eu assez de confiance dans l'Etat pour lui avancer leurs services et leurs capitaux ; et, d'autre part, elle produit toujours un complet anéantissement du crédit, portant ainsi en elle-même le châtiment politique des Etats infidèles à leurs engagements.

La Restauration ne songea pas un instant à y recourir.

Quant aux tributs, par un retour naturel des choses d'ici-bas, la France les subissait à son tour dans une large proportion.

La monarchie des Bourbons, décidée à n'employer que des moyens légitimes comme son principe, résolut donc de marcher par les seules forces de l'impôt, à l'aide d'un crédit, fondé sur l'honnêteté dans les relations et l'exactitude à tenir ses engagements.

Une fois entré dans cette voie, le gouvernement de Louis XVIII chercha à diminuer autant que possible les exigences étrangères. Il parvint d'abord à faire abréger le temps de l'occupation de l'armée de 150,000 hommes, et cela diminua d'environ cent cinquante millions les frais de cette occupation. Puis, par des représentations pressantes et justes, il obligea les gouvernements étrangers à s'interposer afin de mettre des bornes aux exorbitantes prétentions de leurs nationaux, et cette intervention eut pour résultat un ensemble de transactions, en vertu desquelles les un milliard six cents millions réclamés à titre d'indemnité par tous les intérêts particuliers que l'empire conquérant avait lésés, furent soldés au moyen de l'inscription au grand livre d'une rente de 16,040,000 fr., représentant un capital de 320,800,000.

Ces tempéraments obtenus laissaient cependant subsister encore, en outre de la dette inscrite, portée à 2,293,600,000 fr. par l'addition des 320,800,000 fr. dont il vient d'être question, une dette exigible de 2,000,000,000 fr., à laquelle venaient s'ajouter les secours à donner d'une part aux départements envahis et ravagés par les armées étrangères, et de l'autre aux classes

nécessiteuses que la disette de 1816 expo-
sait à toutes les rigueurs de la famine.

La monarchie mesura d'un œil ferme la
profondeur de l'abîme et entreprit de le
combler.

Elle avait en elle-même comme élément
de succès, dans cette entreprise, une puissance inhérente à son principe, qui avait
manqué à la République aussi bien qu'à
l'Empire. Elle venait, nous empruntons ici
les paroles mêmes du noble prince, dont le
langage paternel et vraiment royal charme
en ce moment la France tout entière, *elle
venait d'être rappelée non-seulement parce qu'elle était le droit, mais parce qu'elle était l'ordre, parce qu'elle était le fondé de pouvoirs nécessaire pour remettre
en sa place ce qui n'y était pas, et gouverner
avec la justice et les lois, dans le but de
réparer les maux du passé et de préparer
enfin un avenir.*

Le rétablissement de la monarchie légitime donnait aux puissances étrangères
une garantie contre le renouvellement
d'agressions révolutionnaires, et à la France
une garantie contre l'invasion européenne.

Cette double garantie cautionnait la paix et permettait le désarmement qui diminuait les charges publiques d'une façon notable et permanente.

Elle assurait en même temps le lendemain à tous les intérêts, et, comme conséquence, ramenait au dedans et au dehors ce que l'Europe ne connaissait plus depuis longtemps, la sécurité, qui seule donne le signal aux transactions commerciales et industrielles, qu'elle facilite en mettant à leur disposition les richesses sans limites du crédit.

C'est donc avec l'aide du crédit et de l'impôt que la Restauration entreprit de faire face à tous ses engagements, et de rétablir les finances de la France.

Elle se mit à l'œuvre, et inaugurant un système financier, dont la probité, la netteté et toutes les ingénieuses combinaisons affrontèrent victorieusement les critiques d'une discussion publique, dans les Chambres et dans les journaux, elle réussit complétement. Moins de cinq ans après, M. le comte Roy, ministre des finances, déclarait, en effet, dans son rapport au roi, *qu'il restait au 1ᵉʳ janvier 1820, dans les caisses du trésor, en numéraire ou en valeurs équivalentes 138,864,878 fr., surplus des recettes supérieur aux temps les plus prospères, et prodigieux après quatre années où la France avait eu à dépenser quatre milliards, sur lesquels il n'y avait plus que trois millions à faire pour consommer sa libération.* D'où le ministre concluait *qu'après de si grands sacrifices faits pour être en paix avec l'Europe, si la France pouvait l'être avec elle-même, rien, dans la situation présente et future de ses finances, ne faisait prévoir d'obstacle au développement de sa prospérité.*

La restauration avait obtenu ce résultat prodigieux, dirons-nous, pour nous servir de l'expression même du comte Roy, en rassurant tous les intérêts, en adoptant un système de comptabilité publique d'une clarté et d'une netteté jusqu'alors inconnues, et surtout en apportant dans les dépenses cette rigoureuse et honnête économie, qui rend l'impôt moins odieux au contribuable qui le paie.

De toutes les mesures prises pour relever le crédit l'une des plus efficaces fut, sans aucun doute, la création de la caisse d'amortissement, qui assurait le remboursement de la dette dans un délai relativement assez court, et dont le fonctionnement *honnête* et *régulier*, comme il le fut de 1816 à 1830, est de nature à inspirer aux créanciers de l'Etat une confiance sans limites. Car en même temps que cette ingénieuse institution maintient la dette dans de sages limites et en assure le remboursement, elle soutient le crédit en fournissant un acheteur de tous les jours aux valeurs dont le taux est le véritable régulateur du marché financier.

Mais il n'est pas de bonne chose en ce monde qui ne présente un côté défectueux. La caisse d'amortissement, passée en 1830 des mains honnêtes, qui l'avaient créée, à des mains moins scrupuleuses qui lui empruntèrent une partie de son avoir et supprimèrent sa dotation, finit par devenir un instrument de ruine sous le bon plaisir d'un César sans conscience et sans foi. Les immenses ressources accumulées par la caisse depuis 1816 furent, en effet, pour l'Empire qui en disposa, une facilité de plus dans la voie des folles dépenses.

La République de 1848 avait suspendu le jeu de l'amortissement, et Bonaparte le rétablit un instant seulement, en 1859 et 1860, dans le but unique de produire sur les esprits une illusion économique, au moment où il se disposait à demander à l'épargne, au moyen de nouveaux emprunts, les fonds dont il avait besoin pour entreprendre les guerres antinationales qui ont marqué d'une façon ineffaçable son passage néfaste parmi nous.

La monarchie réparatrice des Bourbons sut, par l'honnêteté de tous ses actes, la franchise avec laquelle elle les soumit à la discussion publique, stimuler de nombreux dévouements, qui vinrent par leurs libéralités ajouter aux ressources publiques. L'initiative des sacrifices volontaires était d'ailleurs partie du trône, car le roi, voulant prendre sa part des charges imposées à la France, avait fait abandon en trois ans de 18,200,000 fr. sur les fonds de la liste civile.

Enfin, le gouffre dans lequel, comme nous l'avons déjà dit, notre fortune paraissait, en 1815, pour jamais ensevelie était comblé en 1820, et le budget de 1820, dont les recettes comparées à celles de 1815 offraient un accroissement de 50 p. 0/0, se soldait avec un excédant de recettes de 37,971,620 fr.

Parvenu si promptement à ce résultat inespéré, le gouvernement porta son attention sur trois mesures financières importantes : Le dégrèvement de l'impôt foncier, la réduction de l'intérêt de la rente par la conversion des titres et le règlement de la question des biens nationaux par l'indemnité aux propriétaires dépossédés.

Le dégrèvement de l'impôt foncier opéré pendant la paix, en raison de l'accroissement des impôts indirects, était un acte de justice, car, en temps de guerre, lorsque le commerce et l'industrie, sources des impôts indirects, voient diminuer leur puissance de transaction et de production, c'est sur l'impôt foncier que pèsent de presque tout leur poids les dépenses militaires.

Les dégrèvements successifs opérés de 1817 à 1828 s'élevèrent ensemble au chiffre de 92 millions, représentant à peu près le quart de l'impôt direct en 1816.

La conversion des rentes tentée par M. de Villèle, mais combattue par une opposition systématique, ne put aboutir complètement, et la loi proposée par le ministère, mutilée de parti pris par les chambres, ne produisit que dans des proportions très-restreintes les résultats espérés par le gouvernement. Elle n'eut pour conséquence immédiate, ni une diminution notable des charges de l'Etat, ni une baisse sensible du prix de l'argent; deux choses qui avaient surtout, et avec raison, préoccupé le législateur, car le bas prix de l'argent est en même temps, pour l'agriculture et l'industrie, un moyen de produire à bon marché, et, pour un peuple, une des conditions par lesquelles se manifeste sa puissance au dehors.

La loi d'indemnité aux émigrés, présentée à la session de 1825, y fut l'objet d'une violente opposition ; et cependant jamais loi ne parut, au double point de vue de la justice et de la politique, plus opportune et mieux justifiée.

La vente des biens des émigrés par la nation avait eu pour résultat de créer sur notre territoire deux natures de propriété, dont le titre était différent, et de fixer ainsi sur le sol la trace d'une immense confiscation territoriale. Cet état de choses était une cause permanente de troubles et même de ruine.

Un grand orateur du parlement anglais disait dans le siècle dernier, avec ce sens pratique, qui caractérise sa nation : *Au bout de vingt-cinq ans la plupart des hommes passent avec indifférence sur la tombe de leur père assassiné ; mais, après un siècle, les générations dépossédées éprouvent encore des sentiments de haine et de rage en passant auprès du champ dont leur famille a été dépouillée.* Cette observation est profonde, ajoute un écrivain français, et le fait qu'elle constate n'est pas aussi étrange qu'il paraît l'être au premier abord. La tombe rappelle une vie qui un peu plus tôt un peu plus tard devait finir ; ce champ confisqué, un droit qui devait être éternel.

Quoi qu'il en soit, l'évidence de l'injustice commise et la présence des victimes de la spoliation, dans le voisinage des domaines confisqués, inspiraient des doutes sur la légitimité du titre des nouveaux propriétaires. De là sur les biens nationaux une dépréciation considérable, qui naturellement atteignait aussi toutes les autres propriétés, et qui par suite empêchait le développement des valeurs territoriales, au grand préjudice des intérêts de tous.

Il était donc de bonne politique, autant que de bonne justice, de mettre fin à cette situation ; et la loi présentée par le gouvernement, loi qui devait avoir pour résultat de lever cette sorte d'interdit moral, jeté par la conscience publique sur les biens nationaux, était certainement beaucoup plus favorable aux possesseurs actuels de ces biens, dont elle ratifiait pour ainsi dire les titres de propriété, qu'aux émigrés qu'elle indemnisait d'une façon si incomplète.

Nous disons que l'indemnité était incomplète, car on se bornait à rembourser aux anciens propriétaires, en rente trois pour cent *au pair, en 1825*, comme valeur des immeubles confisqués :

1° Pour les biens vendus depuis le 13 prairial an III, une somme égale à dix-huit fois le revenu de ces biens en 1790 ;

2° Et pour les autres biens une somme égale au prix de la vente par l'Etat, *réduit en numéraire*, au jour de l'adjudication d'après le tableau de dépréciation des assignats.

Or, si on considère :

D'abord que le remboursement du capital, calculé d'après les bases que nous venons d'énoncer, ne représentait guère plus de la moitié de la valeur réelle des immeubles en 1790 ;

Ensuite que la valeur des propriétés foncières, en 1825, avait au moins doublé depuis 1790 ;

Et enfin que le capital remboursé, inscrit au grand livre pour un milliard, valait alors, au taux du trois pour cent, 600 millions et vaut aujourd'hui de 530 à 540 millions seulement ; — on arrive, par des chiffres indiscutables, à cette conclusion que l'indemnité accordée par la loi représentait moins du tiers de la valeur, en 1790, des immeubles vendus, et à peu près le septième de cette valeur en 1825.

Et, si on considère en outre qu'on ne tenait aucun compte aux indemnisés des revenus, dont ils étaient privés depuis plus de trente ans, on est bien près de répéter avec l'illustre Châteaubriand que cette loi reposait sur des fictions et n'accordait qu'une indemnité insuffisante.

Enfin, la loi fut votée, et si elle ne parvint pas à pacifier les passions, elle pacifia au moins le sol et accrut la richesse de la France en rendant à un grand nombre de propriétés leur valeur réelle.

Mais la Restauration ne se borna pas à panser les blessures que d'autres avaient faites à la France ; elle sut aussi ne se désintéresser d'aucune des grandes questions politiques d'alors : la question espagnole, la question turco-grecque, la ques-

tion d'Alger, et trouver les ressources nécessaires pour s'en mêler d'une façon
profitable à la grandeur et à la puissance
de la France.

La révolution qui avait éclaté en Espagne et venait d'y triompher était, au delà
des Pyrénées, une menace continuelle contre le repos de la France monarchique.
L'Espagne entre ses mains devenait un
camp où tous les réfugiés français, mécon-
tents de la Restauration, s'organisaient contre elle et complotaient ouvertement sa
ruine. Le droit d'intervention était donc
pour le gouvernement français un droit de
légitime défense.

D'autre part, l'intérêt de la France de-
mandait qu'on intervînt, parce que la révolution mettait fin à l'alliance franco-es-
pagnole, et que la rupture ou l'indécision
de cette alliance, c'était, en cas de guerre
avec l'Europe, cent mille hommes de moins
pour nous à jeter sur le Rhin.

Burke disait en 1792 : « L'Espagne n'est
» pas une puissance qui se soutienne par
» elle-même ; il faut qu'elle s'appuie sur la
» France ou sur l'Angleterre. Il importe

» autant à la Grande-Bretagne d'empêcher
» la prépondérance des Français en Espa-
» gne, que si ce royaume était une province
» d'Angleterre. »

Or, l'Angleterre était favorable à la révolution espagnole ; nous devions donc lui
être opposés.

Enfin, le principe de non-intervention
qui forme maintenant, avec celui des faits
accomplis, ce que, par le plus étrange abus
de langage, on appelle le *droit nouveau*
n'avait pas alors fait son chemin dans le
monde, et on pouvait encore se croire au-
torisé par les lois de la justice et de la
charité à secourir son voisin, dont la maison brûlait.

La Restauration intervint donc en Espagne malgré la vive opposition de l'Angleterre, et y rétablit la monarchie après avoir
vaincu la révolution.

Cette intervention, dont les avantages,
aux divers points de vue que nous venons
d'examiner, ne sauraient être contestés, fut,
en outre, un acte d'énergie nécessaire pour
bien établir, aux yeux de l'Europe, que la
France avait reconquis sa force d'action en
dehors de son territoire.

La Grèce, opprimée sous la domination barbare des Turcs, venait de jeter au monde un cri de liberté et ses enfants mouraient héroïquement pour leur foi et leur indépendance. Ce cri fut entendu de l'Europe, et, à la vue du sang généreux des martyrs de cette noble cause, les nations civilisées s'émurent. Une action commune, combinée entre la France, l'Angleterre et la Russie, eut pour double résultat la destruction de la flotte ottomane à Navarin et l'expulsion des musulmans du sol hellénique devenu, par l'épée de la France, la terre d'un peuple libre.

Ce fut, en effet, la France qui eut dans cette question le rôle principal, car après avoir envoyé ses vaisseaux à Navarin, comme l'Angleterre et la Russie, elle fut seule chargée de purger de ses oppresseurs la patrie de Miltiade et de Thémistocle.

Enfin, dans la question algérienne, qui fut la dernière des questions de politique extérieure, dont la Restauration eut à s'occuper, la monarchie ne consulta que l'intérêt français et sut, pour le faire triom-

pher, braver, en même temps, à l'extérieur
les colères de l'Angleterre, qu'elle avait
coutume de rencontrer en travers sur
son chemin lorsqu'elle entreprenait quelque chose d'utile à la France, et à l'inté-
rieur le mauvais vouloir de cette opposition de parti pris, qui de 1815 à 1830 mon-
tra tant de passion et si peu de patrio-
tisme.

Elle résolut de faire profiter la civilisa-
tion de l'occasion que lui offraient ses dé-
mêlés avec le Dey et adopta pour but et
pour prix de ses efforts : La destruction de
la piraterie, dont Alger était le repaire,
l'abolition absolue de l'esclavage des chrétiens et la suppression du tribut odieux
que les puissances chrétiennes payaient à
la régence.

Cette résolution prise, et tout étant prêt
pour l'exécution du projet approuvé par les
Chambres, M. le baron d'Haussez, ministre
de la marine, qui présida d'une façon si re-
marquable aux préparatifs de l'expédition,
ne craignit pas de répondre aux menaces
de l'Angleterre par ces fières paroles,
adressées à lord Stuart, son ambassadeur :

« Milord, la France ne redoute pas l'An-
» gleterre ; elle fera, dans la circonstance
» dont il s'agit, ce qu'elle voudra sans souf-
» frir ni de contrôle ni d'opposition. Vous
» ne compromettrez pas ce qui vous reste
» d'influence en Europe, en allant au delà
» de la menace. Si vous voulez le faire, je
» vais vous en donner les moyens. Notre
» flotte, déjà réunie à Toulon, sera prête à
» mettre à la voile dans les derniers jours
» de mai ; elle s'arrêtera pour se rallier
» aux îles Baléares ; elle opèrera le débar-
» quement à l'ouest d'Alger... Vous voilà
» informé de sa marche, vous saurez où
» la rencontrer. »

L'expédition se fit et obtint tous les résultats qu'on en espérait, mais les chants
de triomphe de notre armée victorieuse
dans les murs de la ville d'Alger conquise
à la France furent pour la Restauration
comme le chant du cygne ; car en même
temps que nos troupes prenaient, au nom
de la Monarchie, possession de cette terre
aujourd'hui connue sous le nom d'Afrique
française, la révolution avec l'aide de l'Angleterre faisait son œuvre à Paris, renver-

sait le trône des Bourbons et envoyait mourir sur la terre d'exil le vieux roi Charles X, pour le punir sans doute d'avoir été trop exclusivement français.

C'est ainsi qu'après avoir réparé les ruines que lui avaient léguées la République et l'Empire, la Restauration avait su, tout en soulageant les contribuables, rendre à la France la place honorable et prépondérante qui lui appartenait dans le monde.

III.

Nous avons dit quelle était la situation financière dans laquelle la Restauration avait trouvé la France en 1815 ; nous avons énuméré les mesures qu'elle avait prises pour en sortir avec honneur, et les lourdes charges dont elle s'était acquittée ; enfin, nous avons indiqué les questions importantes de politique extérieure résolues par elle d'une façon conforme aux intérêts de notre puissance et de notre honneur. Il nous reste maintenant à connaître la situation financière de la France au moment de la révolution de 1830, et à dégager de cette situation, en la comparant à celle de 1815, le chiffre dont la restauration avait accru la dette publique pour faire face à tous ses engagements.

La dette pnblique de la France, d'après l'annuaire Lesur, était au moment de la révolution de juillet, défalcation faite des rentes rachetées par la caisse d'amortissement, et dont cette caisse touchait les arrérages de............... 3.296.000.000

En rapprochant de ce chiffre celui de........... 1.972.800.000 égal à la dette inscrite de   ——————, 1815, on obtient une différence de................ 1.323.200.000 qui représente en capital la somme dont la dette publique s'était accrue de 1815 à 1830.

Mais, pendant cette même période, la Restauration avait payé pour se libérer des charges que lui avaient léguées la République et l'Empire :

1° La contribution de guerre imposée par le traité de 1815......... 700.000.000

2º Les frais d'occupation
de l'armée des alliés......   672.000.000

3º L'arriéré antérieur à
1816 ....   650.000.000

4º Le montant des récla-
mations faites par les sujets
des puissances étrangères
que l'Empire avait lésés...   320.800 000

5º Enfin, l'indemnité aux
émigrés 1.000.000 000
____

Si nous retranchons du
total de ces dépenses qui
est de.................   3.342.800.000

La somme dont la dette
s'est accrue de 1815 à 1830.   1 323.200.000
____

Nous arrivons à un chif-
fre de....... ....   2.019 600.000
qui représente la part des charges antérieures à 1816, que la Restauration est
parvenue à payer sur les recettes ordinaires de ses budgets.

Nous pourrions ajouter à ce chiffre le
montant des dépenses faites pour la guerre
d'Espagne, pour l'expédition de Grèce et

pour la conquête d'Alger. Nous pourrions y ajouter aussi les larges subventions données par l'Etat, pendant la disette de 1816. Nous pourrions surtout y porter en ligne de compte le chiffre exorbitant des pensions ou demi-soldes accordées aux officiers de l'Empire, que la Restauration avait dû renvoyer dans leurs foyers, (ce chiffre s'est élevé par an jusqu'à 50 millions.)

Nous pourrions grossir ainsi de 700,000,000 fr. la somme de 2,019,600,000 fr. et porter à 2,719,600,000 fr. le total des dépenses extraordinaires que la Restauration a payées au moyen des recettes ordinaires.

Mais nous ne le ferons pas, parce qu'une nation sagement gouvernée doit toujours être en mesure, sans grever l'avenir, de pourvoir aux dépenses qu'exigent les intérêts de sa grandeur et de sa puissance, et aux sacrifices nécessaires pour soulager ceux de ses membres qui souffrent le plus, lorsqu'il plaît à Dieu de lui infliger un des fléaux dont il se sert pour châtier les peuples.

Et nous nous en tiendrons au chiffre total de 2,019,000,000 fr. ou de 135,000,000 fr. par

an, comme chiffre des économies réalisées
par la Restauration.

Les chiffres que nous venons de donner
sont déduits de calculs certains ; néanmoins
nous croyons devoir leur donner l'appui
d'une autorité incontestable, celle de M. d'Au-
diffret, en extrayant de son livre sur le Budget le passage suivant qui se rapporte à la
Restauration :

« Les dettes antérieures à 1815 avaient
« été intégralement soldées. Le budget
« annuel offrait un excédant de ressources
« de 80,000,000 fr. consacrés à l'amortis-
« sement des effets publics ou à des amé-
« liorations progressives. Tous les capitaux
« inscrits par la Restauration, soit pour le
« maintien de la maison de Bourbon sur
« le trône d'Espagne, soit pour la répara-
« tion de la plus ruineuse des spoliations
« révolutionnaires, soit pour le salut des
« chrétiens de la Morée, avaient été rache-
« tés par l'action journalière de l'amortis-
« sement. Cette réserve précieuse avait
« également acquis au trésor, et par con-
« séquent rayé de son passif, 31,000,000 fr.
« de rente ou près de 700,000,000 de capi-

« tal appartenant aux événements qui
« avaient précédé le rétablissement de
« l'ordre et de la paix générale. C'est ainsi
« qu'au mois de juillet 1830 l'Etat ne se
« trouvait plus débiteur que de 162,000,000
« fr. de rente, sur les 192,000,000 fr. qui
« avaient si lourdement grevé le début de
« l'administration des finances à la suite
« des désastres de 1815. La France était
« parvenue, en quelques années, de la pro-
« fonde détresse où l'avaient plongée les
« malheurs de la guerre, au plus haut de-
« gré de la prospérité publique. »

En présence de si heureux résultats,
constatés d'année en année, les capitalistes
avaient repris confiance, et la rente cinq
pour cent, cotée, en 1814, à 45 fr., et, en
1815, à 52 fr., s'était progressivement éle-
vée au cours de 110 fr. 65, qu'elle atteignait en 1830, au moment où le trois pour
cent arrivait au cours de 86 fr. 10, qu'il a
revu deux fois seulement depuis cette époque, et qu'il ne rattrapera probablement
jamais.

L'Etat, qui plaçait en février 1817 de
la rente cinq pour cent à 52 fr. 50, émet-

tait, le 12 janvier 1830, du 4 pour cent à 102 75.

Résumons maintenant, en quelques mots, l'histoire financière de 1815 à 1830 :

La Restauration avait payé, pour liquider un passé, qui n'était pas de son fait, 3,343 millions, dont 1,323 millions au moyen de l'emprunt et 2,020 millions au moyen d'économies réalisées sur les recettes ordinaires des budgets, qui n'avaient pas, en moyenne, dépassé le chiffre de 900 millions.

Elle avait, en outre, dépensé 400 millions pris aussi sur les ressources ordinaires pour secourir les classes nécessiteuses pendant la disette de 1826, et pour subvenir aux frais de la guerre d'Espagne, de l'expédition en Grèce et de la campagne d'Alger.

Enfin, nonobstant toutes ces dépenses, elle avait, par des dégrèvements successifs, soulagé les contribuables de 92 millions par an, soit d'un quart de l'impôt foncier.

Constatons, après ce résumé, que, depuis 1830, les budgets se sont progressivement élevés en recettes, d'un milliard à plus de deux milliards, et que, malgré cela, la dette publique s'est accrue, soit par emprunts directs, soit par emprunts à la caisse d'amortissement, soit par l'émission de bons du trésor :

1° Sous la monarchie de juillet, qui a construit les funestes fortifications de Paris et payé 442 millions pour l'établissement des chemins de fer de ci... 1.500.000.000

2° Sous la république de 1848, pour solder la carte de la révolution, de plus de   500.000.000 en outre des 45 centimes sur les quatre contributions et sans y comprendre la consolidation des livrets des caisses d'épargne, etc.

3° Et, sous l'Empire, d'environ cinq milliards, sans tenir compte de l'augmentation nominale par suite de la conversion du cinq pour cent en trois pour cent, et laissant en dehors les charges écrasantes résultant de la guerre actuelle.

Nous terminons ici notre travail, et, comme nous l'avons dit en commençant, nous laissons le soin de conclure à chacun de ceux qui voudront bien nous lire.

Au point de vue financier, la conclusion n'est pas douteuse.

Il ne saurait d'ailleurs à tous les autres points de vue rester, à notre sens, la moindre place à l'hésitation.

La monarchie de Juillet n'est, en effet, aujourd'hui qu'un simple souvenir dans notre histoire, et nous ne voyons plus, Dieu merci ! que des membres de l'illustre maison de France, dans ces nobles princes, au nom desquels on en revendiquait l'héritage.

La dynastie des Bonaparte s'est effondrée dans les hontes sanglantes de Sedan. Ses funérailles nous ont coûté deux provinces et dix milliards ! Qui oserait encore songer à elle ?

Quant à la République, nous ne lui faisons qu'un reproche, mais il est capital, celui d'être impossible en France !

Impossible en France, parce qu'elle n'y trouve pas les sentiments d'abnégation et d'amour du devoir, qui ont fait et font encore en d'autres temps ou en d'autres lieux sa puissance et sa grandeur ; parce que ses partisans y sont en infime minorité, et qu'ils la désirent en général, non pas à cause des vertus qu'elle exige, mais à cause des aspirations malsaines que son principe égalitaire semble légitimer ; en d'autres termes, parce qu'elle y rencontre, en petit nombre, des amis qui, la croyant possible, l'aiment pour elle-même, c'est-à-dire les républicains honnêtes, que nous estimons, et en grand nombre ceux qui l'aiment pour ce qu'ils en espèrent, c'est-à-dire les ambitieux de tous les étages, depuis l'homme qui rêve places et honneurs jusqu'à celui qui espère échapper par le pillage à la loi du travail.

C'est probablement le même état de choses qui faisait dire, il y a un demi-siècle, à Royer-Collard ces mots que bien des gens répètent après lui : *J'aime bien la République, mais ce sont les républicains que je n'aime pas.*

On peut d'ailleurs juger à ses œuvres cette république, qu'on veut imposer à la France monarchique, et dont nous faisons un troisième essai plus sinistre encore que

les deux autres ! N'est-ce pas en son nom
que la Commune vient d'assassiner les
meilleurs et les plus paisibles citoyens?
qu'elle a procédé par le pillage et l'incendie à la destruction de tout ce qui faisait,
dans Paris, cette reine découronnée, notre
gloire dans les arts comme dans les sciences
et dans les lettres?

Etant écartés l'empire et la république,
reste la monarchie héréditaire! Nous pou-
vons aussi la juger à ses œuvres.

La Restauration est le seul gouvernement
qui, dans notre siècle, ait songé à profiter
d'un accroissement de ressources pour soulager les contribuables, dont les charges
se sont continuellement accrues depuis
1830.

Le seul, qui en dotant convenablement
tous les services et en assurant aux tra-
vaux publics un large développement ait su
réaliser des économies sur les ressources
ordinaires de ses budgets, inférieures cependant de plus de moitié comme chiffre à
celles des budgets de l'Empire.

La Restauration n'a pas eu besoin de
fournir autour d'elle un aliment à cette

fièvre malsaine des spéculations, et de se faire un groupe d'agioteurs attitrés pour relever le crédit de la France sur des bases solides et le porter à une hauteur qu'il n'a pu encore dépasser.

Enfin, elle est le seul gouvernement qui, sans avoir couru les hasards d'une politique aventureuse, soit parvenu à tenir haut et ferme le drapeau de la France.

Elle nous avait trouvés humiliés en 1815, et peu d'années lui suffirent pour nous relever ; car en même temps que, par la droiture et la fermeté de sa conduite en Espagne, en Orient et en Afrique, elle nous rendait notre prestige en Europe, elle s'assurait l'alliance russe, et paralysant ainsi l'hostilité jalouse de l'Angleterre, reprenait dans le monde cette position prépondérante qui semblait nous appartenir.

Hâtons-nous donc de revenir à cette monarchie héréditaire qui porte en elle-même une puissance de principes nécessaire à notre salut, que les autres gouvernements ne possèdent pas.

Celui-là seul peut nous sauver qui, sans vouloir devancer *l'heure qui est à Dieu,* ni

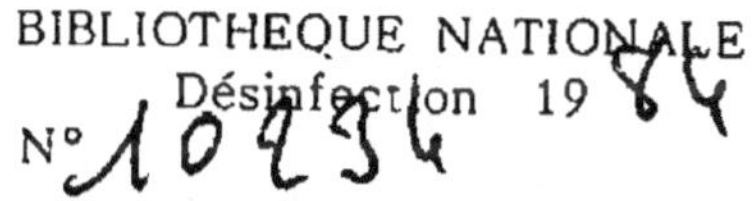

étouffer *la parole qui est à la France,* vient
de nous faire entendre ce noble et magnifi-
que langage que nous nous plaisons à répéter
encore une fois :

« Je serai appelé , non-seulement parce
» que je suis le droit, mais parce que je suis
» l'ordre , parce que je suis la réforme ,
» parce que je suis le fondé de pouvoirs
» nécessaire pour remettre en sa place ce
» qui n'y est pas et gouverner avec la jus-
» tice et les lois, dans le but de réparer les
» maux du passé et de préparer enfin un
» avenir.

» On se dira que j'ai la vieille épée de la
» France dans la main, et dans la poitrine
» ce cœur de roi et de père qui n'a point
» de parti. Je ne suis point un parti, et je
» ne veux pas revenir pour régner par un
» parti. Je n'ai ni injure à venger, ni enne-
» mi à écarter, ni fortune à refaire, sauf
» celle de la France ; et je puis choisir par-
» tout les ouvriers qui voudront s'associer
» loyalement à ce grand ouvrage.

» Je ne ramène que la religion , la con-
» corde et la paix ; et je ne veux exercer

» de dictature que celle de la clémence ;
» parce que dans mes mains, et dans mes
» mains seulement, la clémence est encore
» la justice. »

9 782016 127353